VENTE DU MERCREDI 4 DÉCEMBRE 1889

HOTEL DROUOT, SALLE Nº 8

MEUBLES ANCIENS

SIÈGES

Bronzes d'Ameublement

TAPISSERIES

ÉTOFFES

CURIOSITÉS DIVERSES

EXPOSITION PUBLIQUE

Le Mardi 3 Décembre 1889

Mᵉ Paul CHEVALLIER	M. Charles MANNHEIM
COMMISSAIRE-PRISEUR	EXPERT
10, rue de la Grange-Batelière, 10	7, rue Saint-Georges, 7

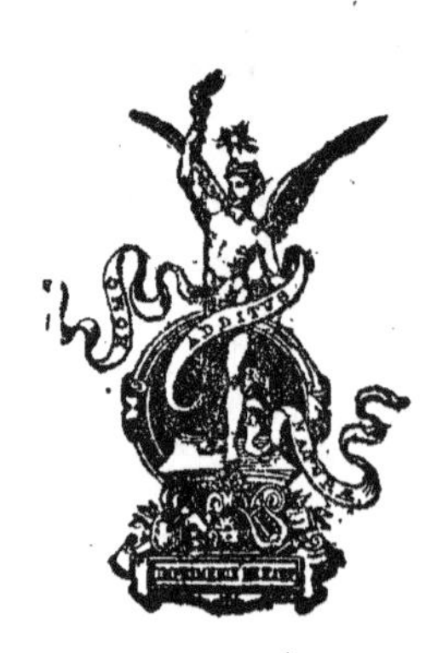

Ros.
oache echot   7. —   ✓
Nnimrahum   21 —   ✓
apphegus
Nnvntorm {   16. —   ✓
                       ——————
                        44

        Shett.
2 apphegn   69 —   ✓
2 ol   180 —
             ——————
              249

CATALOGUE

DES

MEUBLES ANCIENS

EN BOIS SCULPTÉ

Lits, Bahuts, Crédence, Meubles à deux corps, Armoires
Coffres, Colonnes

NOMBREUX SIÈGES

Panneaux, Frises, Statuettes, etc., etc.

BRONZES D'AMEUBLEMENT

Pendules, Appliques, Flambeaux, etc.

Bijoux, Objets de vitrine, Porcelaines

ANCIENNES TAPISSERIES

Étoffes

DONT LA VENTE AURA LIEU

HOTEL DROUOT, SALLE Nᵒ 8

Le Mercredi 4 Décembre 1889

A DEUX HEURES

COMMISSAIRE-PRISEUR	EXPERT
Mᵉ PAUL CHEVALLIER	**M. CHARLES MANNHEIM**
10, rue de la Grange-Batelière, 10	7, rue Saint-Georges, 7

EXPOSITION PUBLIQUE

Le Mardi 3 Décembre 1889, de 1 heure à 5 heures

CONDITIONS DE LA VENTE

La vente sera faite au comptant.

Les Acquéreurs paieront, en sus des adjudications, *cinq pour cent* applicables aux frais.

L'Exposition mettant le public à même de se rendre compte de l'état des objets, il ne sera admis aucune réclamation une fois l'adjudication prononcée.

Paris. — Imprimerie de l'Art. E. MÉNARD ET Cⁱᵉ, 41, rue de la Victoire.

DÉSIGNATION DES OBJETS

PORCELAINES, FAIENCES

1 — Statuette de personnage chinois tenant des fruits, en ancienne porcelaine de Chine décorée au naturel.

2 — Cache-pot cylindrique légèrement évasé, en ancienne porcelaine du Japon, à décor en rouge, bleu et or, de deux zones de lambrequins.

3 — Trois assiettes Tournay et Saint-Cloud, porcelaine tendre, décorées en bleu.

4 — Deux théières variées de décors, en porcelaine de Frankenthal.

5 — Écuelles, bouteille, etc., en Saxe moderne.

6 — Plusieurs pièces, porcelaine et faïence.

7 — Cage faïence décorée en bleu.

8 — Grand vase à figures de style antique, en terre émaillée bleu turquoise.

9 — Deux pièces : vase balustre émaillé bleu et assiette Chine (cassée).

OBJETS DE VITRINE, CURIOSITÉS DIVERSES

10 — Miniature ovale sur vélin : Buste présumé de Marie-Antoinette. Signée : le baron Reyget, 1784.

11 — Deux miniatures sur vélin : la Vierge et le Christ, dans un cadre de bois noir incrusté de filets d'étain.

12 — Grande miniature d'après Rubens : Méléagre et Atalante.

13 — Service à découper, manches argent, et service à salade, ivoire et argent.

14 — Cafetière en argent.

15 — Huilier Louis XVI, en cuivre étampé et argenté.

16 — Coupe cristal montée argent, salières, etc.

17 — Ivoire. Boîtes, ouvre-gants, etc.

18-19 — Miniatures sur ivoire et petites peintures à l'huile.

20 — Boîte de forme contournée, argent doré et émaillée.

21 — Deux carnets de bal, l'un à couverture d'argent, l'autre couvert de plaquettes de nacre.

22 — Châtelaine porte-montre, argent.

23 — Petit plat ovale et creux en argent.

24 à 30 — Plusieurs lots de petits objets : boîtes, porte-allumettes, porte-mines, fermoir d'escarcelle en argent, flacons, chapelets, boutons, châtelaines, boutons de manchettes, etc.

31 — Lots de boîtes anciennes, écaille, cuivre, etc., dont plusieurs avec miniatures.

32 — Cadre ovale en argent repoussé, à moulures, surmonté d'un cartouche entouré de rubans. xviiie siècle. Fond en cuivre.

33 — Cinq étuis de couture en argent.

34 — Trois pièces : flacon à odeur, figurine ivoire, lot de boutons.

35 — Quatre pièces : boîte ronde décorée au vernis, boîte contournée écaille incrustée, miniature et étui galuchat.

36 — Couteau et fourchette à manches d'agate.

37 — Baiser de paix. Plaque en émail de Limoges du xvie siècle, représentant la Nativité.

38 — Violoncelle d'enfant.

39 — Tableau : Paysage. Cadre rectangulaire en bois doré.

40 — Deux gravures anglaises d'après Morland : Une Partie de thé ; le Parc de Saint-James.

41 — Boîte en laque.

42 — Petit miroir dans un cadre de bois doré.

43 — Étain. Trois plats : deux à personnages en relief, le troisième gravé d'ornements.

44 — Deux canettes en étain.

45 — Encrier formé d'une chimère, en cristal de roche. Travail chinois.

46 — Un volume elzévir : Nouveau Testament, texte grec. Petit in-8° relié, parchemin doré.

47 — Neuf dames de trictrac, en bois frappé.

48 — Petite gouache ancienne : Port de mer animé de figurines.

49 — MARBRE BLANC. Petite frise en bas-relief, vase Louis XVI, ayant deux chimères pour supports.

50 — Deux anciens landiers en fer.

51 — Bouclier, hache et fléau en fonte.

52 — Trépied en fer forgé.

53 — Coffret en acier, le dessus servant de pelote.

54 — Trois pièces cuivre, dont une bouilloire.

55 — Grande fontaine ancienne en cuivre argenté, avec robinets à cols de cygnes et son bassin.

56 — Deux pièces : encensoir en cuivre repoussé, XVIIᵉ siècle, et un réchaud.

BRONZES D'ART ET D'AMEUBLEMENT

57 — Buste de jeune fille, en bronze à patine verdâtre, grandeur nature.

58 — Applique à deux lumières en bronze doré, à branches contournées s'échappant d'un motif rocaille à feuillage.

59 — Monture de vase à trois pieds en bronze doré, du temps de la Régence ; à la naissance de chaque pied, mascaron tête de satyre.

60 — Deux appliques à deux lumières, du temps de Louis XVI, en bronze doré ; à la naissance des branches, mascaron tête de bélier à guirlande, et comme couronnement, vase également à guirlandes ; les douilles sont de l'époque Louis XV.

61 — Deux appliques à une lumière en bronze doré, à guirlandes et mascaron tête de femme et accosté de deux têtes d'enfants terminés en gaine.

62 — Deux appliques à deux lumières, du temps de la Régence, en bronze doré, à branches contournées à feuillages.

63 — Deux appliques de style Louis XVI, formées chacune d'un bouquet de lis à sept lumières, lié à une pente de rubans à glands surmontés d'un nœud.

64 — Mercure de Jean de Bologne, bronze à patine brune sur piédestal carré en marbre jaune.

65 — Pendule carrée en bronze doré, surmontée d'une sphère et ornée sur les côtés de masques de satyres.

66 — Pendule en forme de fût cannelé, surmonté d'un cadran solaire, bronze doré.

67 — Deux flambeaux de bronze doré, creusé de canaux.

68 — Deux flambeaux en bronze ciselé et doré, fin du XVIII° siècle, à tiges cannelées, feuilles d'eau et perles.

69 — Grande garniture de cheminée en bronze doré : pendule surmontée d'un groupe d'amours et deux candélabres à bouquets de lis supportés par des amours.

70 à 73 — BRONZES : statuette, médaillon, petits bustes, plaquettes.

74 — Reliquaire de style gothique.

75 — Coupe, bélier sur terrasse, etc.

76 — Jardinière rectangulaire en bois garni de bronzes.

77 — Deux médailles en bronze.

78 — Deux petits flambeaux prismatiques, en cuivre.

79 — Quatre plaquettes de bronze à patine noire.

SCULPTURES EN BOIS

80 — Petit cadre rectangulaire du temps de Louis XIV, en bois sculpté et doré, à feuillages et coquillages.

81 — Deux cadres rectangulaires du temps de Louis XIV, en bois sculpté et doré à feuillages et quadrillages.

82 — Bois sculpté et peint : statuette de sainte femme, debout, les mains jointes.

83 — Bas-relief, chêne sculpté : deux anges tenant une banderole. Travail italien du xvᵉ siècle.

84 — Deux petits panneaux sculptés en bas-relief : bustes de Charlemagne et de Louis XIV.

85 — Deux portes en noyer sculpté décorées de bustes en regard.

86 — Grande boîte en bois sculpté, dans le style de Bagard, de Nancy.

87 — Quatre petits cadres, trois en bois, le quatrième en cuivre.

88 — Trois pièces : coffret rectangulaire et deux boîtes rondes en bois sculpté, de travail lorrain.

MEUBLES, SIÈGES

89 — Bahut Renaissance en bois sculpté ; sa face présente un cartouche d'ornements, au centre duquel se voit un bas-relief ovale qui représente une nymphe couchée. Il est enrichi de quatre pilastres ornés et ses extrémités sont décorées d'ornements.

90 — Lutrin en bois de chêne sculpté, formé d'un aigle reposant sur un pied à quatre faces, décoré de huit mascarons et de quatre volutes ornées. XVIe siècle.

91 — Deux grandes colonnes cannelées en bois sculpté, avec chapiteaux corinthiens.

92 — Huit colonnes en bois de chêne, avec chapiteaux dorés.

93 — Bahut gothique en bois de chêne sculpté.

94 — Pannetière à balustres en bois tourné.

95 — Trois petits tabernacles en bois sculpté de la fin du XVIe siècle.

96 — Table à quatre faces, du temps de Louis XIV, en bois de chêne sculpté.

97 — Deux bois de fauteuils du temps de Louis XVI.

98 — Fauteuil du temps de la Régence, en bois sculpté et foncé en canne.

99 — Quatre consoles d'angle en bois sculpté et doré, modèle à rinceaux et pieds formés de dauphins.

100 — Commode Régence, plaquée de bois satiné, garnie de bronzes. Elle est à trois rangs de tiroirs et a un dessus de marbre.

101 — Chaise longue, bois sculpté et laqué blanc.

102 — Chaise longue du temps de Louis XIV, en bois de chêne sculpté.

103 — Trois chaises Louis XVI, en bois d'acajou à médaillons.

104 — Buffet Louis XIII à deux corps, fermant à trois portes et à deux tiroirs, en bois de chêne.

105 — Chaise et fauteuil Régence en bois sculpté.

106 — Deux chaises Régence en bois sculpté, couvertes de tapisseries.

107 — Fauteuil Louis XIII en noyer sculpté.

108 — Deux chaises en bois sculpté, à dossier en forme de lyre. Époque Louis XVI.

109 — Deux autres, de même forme.

110 — Cinq chaises à dossier à grille, en bois sculpté, de formes diverses.

111 — Lot de fauteuils en bois peint. Époque Louis XV.

112 — Deux frises en bois de chêne, sculpté à jour. Époque Louis XIV. Long., 1 m. 80 cent.

113 — Frise en bois sculpté, à guirlande de fruits et de fleurs. Époque Louis XV.

114 — Grande armoire en bois de chêne sculpté, à quatre vantaux. xviie siècle.

115 — Deux grands coffres en bois de chêne sculpté, à quatre pilastres en façade, dont un avec porte.

116 — Frise en bois de chêne sculpté, à volutes et fleurs. Époque Louis XIII.

117 — Grand buffet à deux corps en bois de chêne sculpté, à moulures. Le corps inférieur est pourvu de quatre portes, dont deux cintrées en largeur.

118 — Groupe en bois de chêne sculpté : le Couronnement de la Vierge. xve siècle.

119 — Lit breton en bois sculpté et portes à colonnettes. Époque Louis XIII.

120 — Grande armoire à deux vantaux en bois de chêne sculpté, à moulures saillantes. Époque Louis XIII.

121 — Quatre colonnes en bois de chêne sculpté, avec chapiteaux en chêne doré. XVIe siècle.

122 — Quatre demi-colonnes en bois de chêne, à fûts cannelés. Époque Henri II.

123 — Lot de statuettes en bois de chêne sculpté.

124 — Chaise longue en deux parties, munies chacune d'un dossier, en bois sculpté, à moulures et clous de cuivre, recouverte d'étoffe jaune.

125 — Petite console d'applique, du temps de la Régence, en bois sculpté et doré, à feuillages, enroulements et motifs rocaille.

126 — Grande pendule contournée et sa console-applique en marqueterie de cuivre et de nacre, richement garnie de bronzes, rocailles, feuillages et rinceaux. Elle est surmontée d'une statuette.

127 — Grand lit en chêne sculpté, de style Louis XIII, à décor de rinceaux, de feuillages et de cartouches.

128 — Meuble à deux corps de même style, à cariatides, mascarons et ornements variés. Le haut est à portes vitrées, le bas à portes pleines ornées de bossages.

129 — Deux fûts de colonnes en bois noir.

130 — Coffre de bois sculpté, à décor de palmettes, de chérubins et d'entrelacs ; le montant placé entre les deux panneaux représente sainte Catherine.

131 — Table de nuit ovale Louis XVI, porte à coulisseau, dessus de marbre blanc à galerie.

132 — Petit meuble en marqueterie de bois à fleurs, à deux corps ; le haut formant cabinet, le bas à tiroirs superposés.

133 — Petit bureau hollandais à tiroirs, décoré de marqueterie de bois clair et à pieds cambrés ornés d'ornements sculptés. XVIII° siècle.

134 — Table-bureau de même époque et de travail analogue, à deux tiroirs.

135 — Deux chaises hollandaises en marqueterie de bois, avec sièges en velours d'Utrecht.

136 — Armoire du temps de Louis XV, en chêne sculpté, à moulures, perles, rubans enroulés ; les portes sont garnies de glaces étamées.

137 — Grand buffet flamand en chêne sculpté, à deux corps et à portes vitrées.

138 — Crédence en bois sculpté, à cariatides, ornements, cabochons, reposant sur une table-console à fond plein.

139 — Panneau de chêne sculpté, à décor de feuilles et à rosace et double galerie formées de petits balustres.

140 — Pendule-borne, marbre noir.

TAPISSERIES

141 — Série de quatre tapisseries Renaissance, à sujets de chasse et petits personnages, avec larges bordures composées de figures allégoriques et de fleurs.

142 — Deux tapisseries analogues à celles qui précèdent.

143 — Quatre petits panneaux en tapisserie Renaissance, à petits personnages.

144 — Deux larges encadrements (haut et côtés) pouvant former lambrequins, en tapisserie Renaissance, à fleurs et figures.

145 — Deux tapisseries Renaissance, à personnages, et bordures à figures et fleurs.

146 — Quatre parties de bordures Renaissance, à fleurs, fruits, feuillages et personnage avec char.

147 — Fragment rectangulaire de tapisserie Louis XV, représentant une bergère debout, avec une brebis. Cadre en bois sculpté et doré, à feuillages, du xviiie siècle.

148 — Portière en ancienne tapisserie verdure, avec bordure sur trois côtés représentant des trophées d'armes.

149 — Deux pièces : portière verdure, avec oiseau au bord d'un torrent et un fragment de bordure.

ÉTOFFES

150 — Robe en deux morceaux, en soie, du temps de Louis XVI, brochée à fleurettes et rayures de couleurs sur fond crème.

151 — Coussin en tapisserie au petit point, du xviiie siècle, à figure de femme, paysage et ornement.

152 — Deux petits tapis carrés en satin, ornés de broderie métallique.

153 — Châle de cachemire.

154 — Petit manteau de velours rouge, avec broderie métallique en relief.

155 — Deux pièces velours brodé, lambrequin et quartier de selle.

156 — Plusieurs lots de damas et d'anciennes soieries.

157 — Bonnets brodés.

158-159 — Diverses pièces de toiles brodées, costumes, etc.

160 — Lot de coussins.

161 à 166 — Dix-sept pièces de damas, soieries anciennes, tapis, couvre-lit, coupes, etc., variées de dessin.

167 — Deux portières de velours rouge, avec écusson armorié en application.

168 — Coupe de velours rouge.

169 — Quatre lambrequins de soie bleue, décorée de rinceaux en broderie de soies et fils métalliques.

170 — Habit et gilet de velours à raies, bordés de broderies de soies.